I0200578

स्त्री

सम्मान तुम्हारा अधिकार

पिंकी सिंह

/ BookLeaf
Publishing
India | USA | UK

Made with ❤ on the BookLeaf Publishing Platform
www.bookleafpub.in
www.bookleafpub.com

Dedication

यह पुस्तक समर्पित है —
हर उस स्त्री को, जिसने मुझे प्रेरणा दी कि मैं उसकी भावनाओं,
संघर्षों और सपनों को शब्दों में ढाल सकूँ।

समर्पित है हर उस नारी को, जो अपने सम्मान के लिए झुकती नहीं,
बल्कि हर परिस्थिति से डटकर लड़ती है।
उस लड़की को, जो समाज की बेड़ियाँ तोड़कर शिक्षा का अधिकार
माँगती है। उस महिला को, जो सही-गलत का निर्णय खुद लेती है
और अपने निर्णयों की दिशा में निडर होकर आगे बढ़ती है।

ये रचनाएँ समर्पित हैं हर उस स्त्री को, जो त्याग करती है, पर अपने
अस्तित्व से अन्याय नहीं होने देती।
जो उपयोग की वस्तु नहीं, बल्कि प्रेरणा की प्रतिमा है।
जो खुद को आत्मनिर्भर, आत्मविश्वासी और आत्मसम्मानी बनाती है।
जो अपनी पहचान खुद गढ़ती है, और अपनी नजरों में खुद को ऊँचा
रखती है।

यह पुस्तक नारी शक्ति के उस अदृश्य प्रकाश को समर्पित है, जो हर
घर, हर दिल और हर शब्द में उजाला फैलाती है।

Preface

कुछ लिखने से पहले मैं आपको स्पष्ट रूप से बता दु की मैं किसी स्त्री या पुरुष के पक्ष या विपक्ष मे नहीं हू।

क्योंकि एक स्त्री होना उतना ही कठिन है जितना की एक पुरुष होना, समाज में दोनों को ही जिम्मेदारियों तले दबा दिया गया हैं। जहा स्त्री स्वयं के अस्तित्व के लिए समाज से लड़ना चाहती हैं, अपना योगदान देना चाहती हैं, वहीं पुरुष भी अपने जिम्मेदारियों तले अपने सपनों को रोंद रहा हैं।

एक स्त्री होने के नाते मैं दूसरी स्त्रियों की भावनाओं को भलीभांति समझ सकती हुं शायद इसलिए मैं अपनी कविताओं में स्त्रियों की भावनाओं पर ज्यादा जोर देती हुं।
इसका अर्थ बिलकुल ये नहीं हैं की मैं सभी पुरुषो के खिलाफ हुं व उनकी भावनाओं को ठेस पंहुचा रही हुं परन्तु कुछ पढ़ेंलिखें अशिक्षित जड़बुद्धि लोग जो स्त्रियों को आगे बढ़ता नहीं देख सकते या ये कहे की स्त्रिया उन्हें चारदिवारी में रोटी सेकती ही ठीक लगती हैं।

परन्तु स्त्रियों को कोई और पीछे धकेले उसके पहले ही स्त्री स्वयं को ही पीछे खींच लेती हैं, कभी जिम्मेदारियों तो कभी किसी के घर की मर्यादा तो कभी किसी से प्रेम की लालसा में, वो खो देती हैं स्वयं को और फिर जीवनभर स्वयं को दुसरो से कमतर आंकती रहती हैं।

मेरी जो कविताएं हैं वो स्त्रियों पर हैं, मेरी कविताएं स्त्रियों को ये बताने के लिए हैं की वो कमजोर नहीं हैं वो चाहे तो क्या नहीं कर सकती हैं

परन्तु वो पहला कदम बढ़ाने से डरती हैं, पहली बार आवाज़ उठाने से डरती हैं, और शायद आगे बढ़ने से भी डरती हैं।

ये कविताएं समाज को भी ये समझाने के लिए हैं की शिक्षा पर सभी का बराबर अधिकार हैं, आज़ादी सभी को अच्छी लगती हैं स्त्रियों को भी, ये सोचकर की बेटी या बहु को पढ़ाने या आगे बढ़ाने से क्या मतलब, तो जान जाइये की आप दुनिया से बहुत पीछे चल रहे हैं या ये कहे की दुनिया भाग रही हैं और आप ठहर गए हैं। हमारे देश की स्त्रिया दूसरे देश में जाकर अपना और भारत का नाम रोशन कर रही हैं परन्तु खुद के देश में ही उन्हें वो सम्मान और मौका नहीं मिल रहा हैं।

"हर चीज से बढ़कर अपने जीवन की नायिका बनिए शिकार नहीं।"
- Nora Ephron

Acknowledgements

इस पुस्तक के प्रकाशन की यात्रा मेरे लिए केवल लेखन नहीं, बल्कि एक आत्मिक अनुभव रही है।

मैं हृदय से धन्यवाद देती हूँ अपने प्रिय मित्रों को जिन्होंने मुझे हमेशा प्रोत्साहित किया, मेरे शब्दों पर विश्वास जताया और यह एहसास दिलाया कि मेरी भावनाएँ काग़ज़ पर उतरने योग्य हैं।

उनके बिना शायद मैं कभी यह हिम्मत नहीं जुटा पाती कि अपनी कविताओं को दुनिया के सामने रख सकूँ।
मैं अपने शिक्षकों और शिक्षिकाओं का भी गहन आभार व्यक्त करती हूँ, जिन्होंने न केवल मुझे शिक्षा दी, बल्कि आत्मविश्वास और प्रेरणा भी दी। उनकी सराहना और मार्गदर्शन ने ही मेरे भीतर के रचनात्मक विचारों को दिशा दी।

मैं उन सभी का धन्यवाद करती हूँ जिन्होंने किसी न किसी रूप में इस पुस्तक की यात्रा में योगदान दिया। चाहे वह एक स्नेहभरा शब्द हो, एक प्रेरक मुस्कान, या बस यह विश्वास कि "तुम कर सकती हो।"

साथ ही, मैं अपने परिवार की भी आभारी हूँ, जिन्होंने हर परिस्थिति में मेरा साथ दिया, मेरी भावनाओं को समझा और मुझे अपने सपनों का पीछा करने की आज़ादी दी।

यह पुस्तक केवल मेरी नहीं, उन सभी की है जिन्होंने मुझे महसूस कराया कि शब्दों में भी एक शक्ति होती है,

और एक स्त्री की आवाज़ जब कलम से निकलती है, तो वह कई दिलों तक पहुँच जाती है।

1. तुझे पल-पल जलना है

सुन नारी वे तुझे रोकेंगे,
पर तुझे चलना है,
हर राह, हर डग पर तुझे पल-पल जलना है।

वे तुझे टोकेंगे......
शायद तुझे अकेला भी छोड़ दे,
पर तुझे डरना नहीं है,
तुझे अपनी मंजिल तक कई अनजान राहों में चलना है।

की सुन नारी वे तुझे गिराएंगे,
पर तुझे उठना है,
खुद के लिए नहीं, हर स्त्री के लिए इतिहास रचना है,
क्योंकि अभी तो तुझे हर राह, हर डग पर पल-पल जलना है।

सुन... सुन खुद के अंतरात्मा की आवाज,
उसे रोक मत, उसे झकझोर मत,
तुझे अपनी मंजिल तक पहुंचना है।

सुन नारी वे तुझे प्यार की रस्सी में बाँधेंगे,
पर उसे खोल तुझे अपने सपनों तक पहुंचना है,
कि हर राह, हर डग पर तुझे पल-पल जलना है।

वे तुझे हर रिश्तो की दुहाई देंगे,
पर इस बार नहीं....

तुझे अपनी खुशी को चुनना है,
की ऐ नारी तुझे अपने मुकाम तक पहुंचना है,
कि हर राह, हर डग पर तुझे पल-पल जलना है |

2. सम्मान

मैं तुम्हारी हर बात का मान रखूंगी,
तुम मेरा सम्मान कर पाओगे?
तुम स्त्री हो तुम्हारी जिम्मेदारी है, ये कहकर मुकर तो नहीं जाओगे!

जब दुनिया मुझे समझायेगी, मुझे चुप करायेगी, अपनी बातों में
दबाएगी,
तो क्या तुम दुनिया को समझा पाओगे?
कही मेरी खामोशी को झूठा मान, मेरा तिरस्कार तो नहीं कर
जाओगे!

मैं तुम्हारी हर बात का मान रखूंगी,
तुम मेरा सम्मान कर पाओगे?

मैं तुम्हारे दुख में हर पल साथ रहूंगी,
मेरी तकलीफ में साथ रहने का वादा कर पाओगे?
तुम्हें क्या तकलीफ है, सब तो है यह कहकर कहीं अकेला तो नहीं
छोड़ जाओगे!

मैं तुम्हारी हर परेशानी को सुकून में बदलने की कोशिश करूंगी,
क्या तुम मेरे दर्द में मुझे गले लगा पाओगे?
कहीं मुझे यूं दर्द में रोता हुआ तो छोड़कर नहीं चले जाओगे!

कि मैं तुम्हारी हर बात का मान रखूंगी,
तुम मेरा सम्मान कर पाओगे?

3. एक बेटी से बहु बन जाना

इतना आसान होता है क्या, बचपन के रिश्तो को छोड़ नये रिश्तो से
जुड़ना,
इतना आसान होता है क्या, एक माँ को छोड़ एक सासु माँ को
अपनाना,
की इतना आसान होता है क्या, एक बेटी से बहु बन जाना।

पापा की परी होती है, भाई से लड़ती है, छोटी बहन पर रौब जमाती
है,
सुबह..... थोड़ी देर औऱ सोने दो ना माँ, कहकर घंटो सो जाती है,
इतना आसान होता है क्या उन पलों को छोड़ नये पल बनाना,
की इतना आसान होता है क्या एक बेटी से बहु बन जाना।

बहु..... अब ये तुम्हारा घर है अब उस (मायका) घर की मेहमान बन
गई,
इतना आसान होता है क्या बचपन से रहे उस आशियाने को भूल नया
आशियाना बनाना,
की इतना आसान होता है क्या एक बेटी से बहु बन जाना।

बेटी की मनमानी और जिद्द को समझ, जहाँ हामी भर देते थे,
बहु की बातो मे भी लोग आज खामी भर देते है,
इतना आसान होता है क्या अपनी जिद्द, अपनी पसंद को भी पीछे
छोड़ मुस्कुरा देना,
की इतना आसान होता है क्या एक चंचल बेटी से खामोश बहु बन
जाना।

जहाँ बेटी को पढ़-लिख कुछ बनने का ज्ञान दिया जाता है,
औऱ अक्सर हर कदम पर बहु को जिम्मेदारियों का पाठ पढ़ा दिया जाता है,
की इतना आसान होता है क्या एक बहु की जिम्मेदारी के साथ सपनो की उड़ान भर लेना,
की इतना आसान होता है क्या एक बेटी से बहु बन जाना।

,

4. नहीं हुं मैं घर की इज्जत

अगर मेरे बाहर कदम रखने से,
अपने लिए कदम बढ़ाने से,
कदम से कदम मिलाने से
या आगे बढ़ जाने से,
किसी के घर की इज्जत उतर रहीं है,
तो नहीं हुं मैं किसी के घर की इज्जत।

अगर मेरे आजाद होने से,
अपने सपनो की उड़ान भरने से,
खुद के अस्तित्व के लिए लड़ने से,
किसी के घर की इज्जत उतर रहीं है,
तो नहीं हुं मैं किसी के घर की इज्जत।

बेलन छोड़ कलम उठाने से,
किताब के पन्ने पलटने से,
निडर अपनी बात रखने से,
किसी के घर की इज्जत उतर रहीं है,
तो नहीं हुं मैं किसी के घर की इज्जत।

पसंद के कपडे पहनने से,
सर का पल्लू गिरने से,
खिलखिला के हॅसने से,
किसी के घर की इज्जत उतर रहीं है,
तो नहीं हुं मैं किसी के घर की इज्जत।

क्यों बनाया मुझे किसी के घर की इज्जत,
क्यों जोड़ा मुझे और मेरी आजादी को अपने घर की इज्जत से, और
किसने कहा की हु मैं तुम्हारे घर की इज्जत.... मैंने तो नहीं कहा......,

ये मैं हुं सिर्फ मैं.... एक स्त्री.... एक नारी...... सिर्फ और सिर्फ एक
इंसान,.... किसी के घर की इज्जत नहीं।

5. तुम्हारा हक

तुम्हें तुम्हारा हक, खुद ही छीनना होगा,
तुम्हारे बिखरे हुए सम्मान को, खुद ही बिनना होगा।

श्रृंगार से पहले तुम्हें संघर्ष को चुनना होगा,
प्रेम से पहले कामयाबी का पर्वत चढ़ना होगा।

सुंदरता से पहले व्यवहार को बदलना होगा,
टूट जाओ अगर, तो खुद को बिखरने से रोकना होगा।

की तुम्हें तुम्हारा हक, खुद ही छीनना होगा,
तुम्हारे बिखरे हुए सम्मान को, खुद ही बिनना होगा।

संसार के साथ, संस्कार को भी चुनना होगा,
कदम आगे बढ़ाते रहना हैं, परन्तु संयम को भी जितना होगा।

सच्चे रिश्तो को जोड़ना, पर खुद के साथ न्याय भी करना होगा।
स्वभाव में मधुरता हो, परन्तु कटुता की धार भी रखना होगा।

की तुम्हें तुम्हारा हक, खुद ही छीनना होगा,
तुम्हारे बिखरे हुए सम्मान को, खुद ही बिनना होगा।

त्याग की मूरत बनना, पर खुद के लिए प्रेरणा भी बनना होगा,
सम्मान देने के लिए झुकना, पर खुद के साथ इन्साफ भी करना होगा।

गिरना तो हर कदम पर हैं, पर हौंसला बुलंद रखना होगा,
लाज तुम्हारा गहना हैं, पर अपमान होने पर लड़ना भी होगा।

की तुम्हें तुम्हारा हक, खुद ही छीनना होगा,
तुम्हारे बिखरे हुए सम्मान को, खुद ही बिनना होगा।

6. औरत

मैं एक औरत हुं,
क्या इसलिए चुपचाप सहती हुं,
क्यों जिंदगी भर...पुरुष के पीछे ही चलती हुं?

पिता भगवान औऱ पति परमेश्वर,
क्यों औरत की कहानी मे ही लिखी जाती है,
क्यों आज भी एक औरत, पुरुष के बाद ही मानी जाती है?

आखिर इस जिंदगी की कहानी में,
कहा जीती है वो अपनी खुशी,
पहले पिता की इज्जत, फिर पति की हसीं खुशी।

क्यों औरत होते हुए भी माँ,
अपनी बेटी को यही सिखाती है,
कि एक औरत कि जिंदगी, पुरुष के बाद ही आती है।

पिता से सहमी एक बेटी,
भाई से डरती एक बहन,
पति से खामोश एक बीवी,
क्या यही जिंदगी है एक औरत कि?

क्यों एक बेटी अपनी खुशियों को यह सोचकर दबा लेती है,
कि पिता बेटी पैदा करके अफ़सोस ना करें,
एक औरत, एक बीवी,

क्यों यह सोचकर अपनी तकलीफे जला देती है,
कही उसका पति उसका तिरस्कार ना कर दे।

आखिर औरतों में ही......
यह डर, यह लाचारी, यह बेसहारी क्यों,
क्यों तू खुद को कमजोर समझती है।
क्यों तू भूल जाती है,
कि तेरी भी कोई पहचान है,
क्यूंकि माँ तो सिर्फ एक औरत ही बन सकती है,
सिर्फ तुझे ही मिला यह वरदान है।

एक औरत होकर.....
तू खुद को कमजोर ना समझ,
क्यूंकि इस समझ से.....
कमजोर तू नहीं, कमजोर वह पुरुष है,
जो भूल गया है, उसे जन्म दिया एक औरत ने है और उसका
अस्तित्व..... एक औरत से ही है।

7. टूटी हुई स्त्री

जब मिले ना मान रिश्तो से,
अपमान मे भी मान खोजती है,
देखना ये महफिल तुझसे रूठ जायेगी,
ऐ स्त्री, जब तू खुद मे ही खुद जा सम्मान खोजती है।

ऐ स्त्री है जनाब टूट जाने पर, खुद मे ही खुद का आत्मसम्मान
खोजती है।

जब मिले ना साथ रिश्तो से,
ठोकर मे भी साथ खोजती है,
देखना ये महफिल तुझसे रूठ जायेगी,
ऐ स्त्री, जब तू खुद मे ही खुद का आश्रय खोजती है।

की ऐ स्त्री है जनाब टूट जाने पर, खुद मे ही खुद की जिंदगी खोजती
है।

जब मिले ना स्नेह रिश्तो से,
तो द्वेष मे भी प्रेम खोजती है,
देखना ये महफिल तुझसे रूठ जायेगी,
ऐ स्त्री, जब तू खुद मे ही खुद का स्नेह खोजती है।

ऐ स्त्री है जनाब टूट जाने पर, खुद मे ही खुद का अनुराग खोजती है।

जब मिले ना महत्व रिश्तो से,

तो हीनता मे भी महत्व खोजती है,
देखना ये महफिल तुझसे रूठ जायेगी,
ऐ स्त्री जब तू खुद मे ही खुद का यश खोजती है।

की ऐ स्त्री है जनाब टूट जाने पर, खुद मे ही खुद की श्रेष्ठता खोजती
है।

जब मिले ना मरहम रिश्तो से,
तो चोट मे भी मरहम खोजती है
देखना ये महफिल तुझसे रूठ जायेगी,
ऐ स्त्री जब तू खुद मे ही खुद की दवा खोजती है।

की ऐ स्त्री है जनाब टूट जाने पर, खुद मे ही खुद की दुआ खोजती है।

8. कुछ पल जिंदगी से

कुछ पल जिंदगी से अपने लिए भी चुरा लिया करो,
कोई नहीं कहेगा थक गई हो, थोड़ा आराम कर लिया करो।सुबह से शाम, शाम से रात
जो खुद को कामो में खोती हो,
स्त्री का फ़र्ज समझ जो घुट कड़वी पीती हो।

कुछ पल जिंदगी से अपने लिए भी चुरा लिया करो,
कभी तो चाय बना कर खुद को भी पीला लिया करो।

कि एक स्त्री ही स्त्री की सीमाएं गड़ती है,
पता नहीं कितनी पुरानी सोच के मापदंडो पर चलती है,
थोड़ी आवाज़ अपनी ऊँची कर, कदम बढा,
इन दायरो से खुद को आजाद कर लिया करो।

कि कुछ पल जिंदगी से अपने लिए भी चुरा लिया करो,
खुद को आज़ाद कर, कभी खुद की भी तलाश कर लिया करो।

घर के सारे जो काम है,
सिर्फ स्त्रियों के लिए ही तो बदनाम है,
थोड़ा कामों को दरकिनार कर,
सहेलियों को भी फोन लगा लिया करो।

कुछ पल जिंदगी से अपने लिए भी चुरा लिया करो,
कि अपनी पुरानी सहेलियों को भी घर बुला लिया करो।

स्त्री कोमल है, पुरुष मजबूत
ये कहनेवाले को तुम भी दिखा दिया करो,
जब ख़तम हो जाये गैस सिलिंडर,
तो खुद ही लगा के खाना बना लिया करो।

कुछ पल जिंदगी से अपने लिए भी चुरा लिया करो,
दुसरो से क्या आस करती हो,
खुद को भी मजबूत बना लिया करो,
कि हफ्ते मे एक रविवार अपने लिए भी मना लिया करो।
की कुछ पल तो जिंदगी से अपने लिए चुरा लिया करो।

9. ऐ नारी सुन

ऐ नारी सुन,
हुआ.... कल बलात्कार, आज हुआ
और कल फिर हो जाएगा,
और फिर इसी तरह नारियों का विश्वास
दर्द में गूंज कर रह जाएगा।

ऐ नारी सुन,
रात फिर तड़प और चिखो से भर जाएगी
फिर सुबह होगी न्यूज़ में खबर छप जाएगी,
बलात्कार हुआ है नारी का
अंग अंग जला दिया है बेचारी का,
ब्रेकिंग न्यूज़ में बतलाई जाएगी।

ऐ नारी सुन,
की तेरा साथ ना कोई देना चाहेगा
ना अपना कोई बना पाएगा,
क्योंकि तेरा चरित्र, चरित्रहीन जो होकर रह जाएगा।

की ऐ नारी सुन,
लूट ली जाएगी फिर एक बेटी अनजान
और फिर एक सुनसान गली में मिलेगी,
एक मासूम परी की जान।

पर ऐ नारी बस कर,

अपनी आवाज बुलंद कर तनकर,
अपने आबरू की फिक्र कर
जीवन जिले अब तू भी हंसकर,
फिर ना रोएगी तू बलात्कारियों से फंस कर
और फिर उन गद्दारों को सजा दे कमर कसकर, कमर कसकर।

की ऐ नारी सुन,
तु फिर उठ खड़ी हो, खुद को इंसाफ दिलाएगी
औरत खिलौना नहीं है यह सब को बतलाएगी।

की ऐ नारी..... कसम खा,
तू खुद का इमान ना खोने देगी,
और फिर खुद को हवस का शिकार ना होने देगी,
खुद को कमजोर तो छोड़ किसी के सामने लाचार ना होने देगी।

10. आत्मनिर्भर स्त्री

आत्मनिर्भर स्त्री निष्ठुर होती है,
क्यूंकि वो उन रिवाजों को नहीं मानती, जो सिर्फ स्त्रीयों के लिए बनाया गया हो,
जिसमें... उसे देवी का रूप बता, घर की चार दीवारी में बिठाया गया हो,
की उसे लक्ष्मी का स्वरुप बता, घूँघट में दबाया गया हो।

हाँ आत्मनिर्भर स्त्री निष्ठुर होती है,
क्यूंकि मर्यादा के नाम पर अपमान की बेड़ियों के बजाय, स्वाभिमान की जिंदगी को चुनना पसंद करती है,
और खुद को कठोर बना.. अपने सपनो की मंजिल को ढूंढना पसंद करती है।

की हाँ आत्मनिर्भर स्त्री निष्ठुर हो जाती है,
क्यूंकि सहनशीलता की मूरत बनने की बजाय,
एक प्रेयसी की सूरत बनने की बजाय,
हकीकत की योद्धा बनना पसंद करती है।

हाँ ये आत्मनिर्भर स्त्री बहुत निष्ठुर होती है,
क्योंकि संस्कार के नाम पर, खुद के तमाशे पर हॅसने के बजाय, चुप रहने के बजाय,
आँखों में आँखे मिला सच बोलने की हिम्मत रखती है।

की आत्मनिर्भर स्त्री निष्ठुर होती है,

क्योंकि वो उन नियमो को नहीं मानती, जिन्हें पुरुषो ने उसके लिए
बनाया है,
और वो उन दायरो को तोड़ती है, जिन्हें स्वम स्त्रियों ने स्त्रियों के लिए
गढ़े है।

की ये जो आत्मनिर्भर स्त्री है बहुत निष्ठुर होती है,
क्योंकि वो अपनी ख्वाहिशों के साथ समझौता नहीं करती,
फैलाती नहीं है किसी की सामने अपना हाथ,
और अपने पहचान के साथ सौदेबाज़ी नहीं करती।

11. शिक्षा का दीप जलाओ

चलो नारी, शिक्षा का दीप जलाओ,
समाज के मानसिक अंधकार को अब तुम ही मिटाओ।

पढ़-लिख स्वावलंबी बनना है तुम्हारा अधिकार,
तुम कलम उठाओ और मिटाओ अपने जीवन का अंधकार,
समाज की बँधी हुई बेड़ियों से खुद को सुलझाओ,
की चलो नारी शिक्षा का दीप जलाओ।

छोड़ो श्रृंगार व रस की बातें, तुम शक्ति हो भाला उठाओ,
बेटा-बेटी के भेद को हटा, कन्धे से कन्धा मिलाओ,
शिक्षा के ऊंचे शिखर पर पहुंच दुनिया में इतिहास रच जाओ,
की चलो नारी अब शिक्षा का दीप जलाओ।

शिक्षा को अपनाकर जब शिक्षित पुरुष महान है,
तो किताब के ज्ञान के भंडार पर नारी तुम्हारा भी अधिकार समान है,
समाज से लड़, इस शिक्षा रूपी ज्ञान के हथियार को उठाओ,
की चलो नारी अब उठो और शिक्षा का दीप जलाओ।

तुम शिक्षित हो जाओ और समाज की रूढ़िवादी परम्पराओ को मिटाओ,
कुल की प्रतिष्ठा सिर्फ नारी के ही हाथ, इन मान्यताओं से खुद को आज़ाद कराओ,
की चलो नारी तुम शिक्षा का दीप जलाओ।

इस समाज को बताना है की शिक्षा पर अधिकार तुम्हारा है,
जैसे सबका है अधिकार वैसे ये खुला धरती-आसमान भी तुम्हारा है,
नारी अबला है, नारी निर्बल है, समाज की इस गलतफहमी को
मिटाओ,
की चलो नारी तुम शिक्षा का दीप जलाओ।

12. साधारण सी तुम

तुम साधारण सी दिखती वो असाधारण नारी हो,
खोकर अपना स्वाभिमान ना अग्निपरीक्षा देने वाली हो,
की तुम साधारण सी दिखती, वो असाधारण नारी हो।

ना डरी, ना सहमी, ना अबला, ना बेचारी हो,
हो सहनशीलता का किरदार पर अपमान न सहने वाली हो,
की तुम साधारण सी दिखती, वो असाधारण नारी हो।

संसार रूपी पिंजरा तोड़ सपनों की उड़ान भरनेवाली हो,
खुद के मंजिल की राह तुम खुद ही बनने वाली हो,
की तुम साधारण सी दिखती, वो असाधारण नारी हो।

तुम वह आत्मविश्वासी इस आधुनिक काल की नारी हो,
फूलों सी कोमल पर खुद के सम्मान की रक्षा करने वाली हो,
की तुम साधारण सी दिखती, वो असाधारण नारी हो।

तुम स्वतंत्र भारत की, वह आजाद वीरांगना नारी हो, आत्मरक्षा के
लिए स्वयं हथियार उठाने वाली हो,
की तुम साधारण सी दिखती, वो असाधारण नारी हो।

इज्जत के झूठे नाम पर अन्याय न सहनेवाली हो,
तुम साहस की मूरत अब अश्रु न बहानेवाली हो,
की तुम साधारण सी दिखती, वो असाधारण नारी हो।

इस असामान्य समाज में, स्थिरता तुम ही लानेवाली हो,
सपनों के इतिहास को रच, अब आसमान में उड़ने वाली हो,
की तुम साधारण सी दिखती वो असाधारण नारी हो।

13. नन्ही सी जान

वो छोटी बच्ची थी, अपने उमर से बहुत कच्ची थी,
उसपे हैवानियत उतारी गई, फिर मिट्टी में दफना दी गई।

की कितनी तड़पी होगी वो,
माँ-माँ कह रोइ होगी वो,
हाथ-पैर पटकी होगी वो,
उसका मुँह दबा दिया होगा उसने,
जान भर चीखी होगी वो,

की अब क्या ताने देगा समाज उस नन्ही सी जान को,
की वो 8 महीने की बच्ची ने अश्लील कपडे पहने थे,
या दुपट्टा नहीं लगाई थी।

जब उस दरिंदे ने बच्ची को
गोदी में लिया होगा,
पता नहीं किस हैवानियत की नजर से
उसे छुआ होगा,
बच्ची तो नादान उसके साथ खेली होगी,
की वो 2 साल की बच्ची कितनी भोली होगी,

की अब नन्ही बच्चियों पर, अपनी दरिंदगी दिखाई जा रही हैं,
स्त्रियों पर ताकत नहीं चल रही, तो बच्चियों पर हैवानियत उतारी जा
रही हैं।

उस माँ पर क्या बीती होगी,
जब बच्ची को उस हालत में देखी होगी,
शरीर से उसके जान निकल सी गई होगी,
जब अपनी बेजान बच्ची को गोदी में ली होगी,
क्यों दिया मैंने अपनी बच्ची को उस हैवान के हाथ
एक पल को ये सोची होगी,

की अब क्या दाग़ लगाएगा समाज, उस 2 साल की बच्ची पर,
छोटे कपड़े पहनी होगी,
क्या ये सोच रखेगा समाज, उस 2 साल की बच्ची पर।

की ये खोखला समाज हो गया हैं,
और खोखली समाज की सोच,
जहाँ बलात्कार होने पर,
उस लड़की को गलत बताता है
और दरिंदा शान से बाहर घूमता हैं,

की अब इस समाज में, रक्षक ही भक्षक बन रहे हैं,
ये घिनौनी हरकत कोई और नहीं, कुछ अपने ही कर रहे हैं।

14. कौन सी नारी संस्कारी

वो नारी संस्कारी, जो समाज के नियमों पर अमल करती हों,
भले उसके सामने, अपने पुरे जीवन का दमन करती हों।

परिवार की देखभाल, त्याग और
मर्यादा में रहती हो,
ये अन्याय है, ये जानकार भी
सब सहती हो,
जुबां होकर भी संस्कार से बँधी
वो कुछ न कहती हो,
हाँ वो नारी संस्कारी, जो समाज के नियमों पर अमल करती हो,
भले उसके सामने अपने पुरे जीवन का दमन करती हो।

शिक्षित होकर भी,
जो अपनी रुचियों का त्याग करती हो,
आदर्श पत्नी, माँ, या बहु-बेटी के रूप में
अपने लक्ष्यों का बलिदान करती हो,
इज्जत का बोझ, जो अपने कंधो पर
बखूबी निभाती हो,
हाँ वो नारी संस्कारी, जो समाज के नियमों पर अमल करती हो,
भले उसके सामने, अपने पुरे जीवन का दमन करती हो।

जो प्रेम, दया की खान हो,
भले उसका अपमान हो,
की वही नारी महान,

जो चुपचाप सबकुछ सहती हो,
चारदिवारी में आज़ादी ढूंढे,
जो घूँघट मे ही रहती हो,
हाँ वो नारी संस्कारी, जो समाज के नियमों पर अमल करती हो,
भले उसके सामने अपने पुरे जीवन का दमन करती हो।

समाज के दिए बिन्दुओ पर
बखूबी उतरती हो,
अपेक्षाओं को उनके
ईमानदारी से निभाती हो,
अपने मन की ना कर
त्याग की मूरत बनती हो,
हाँ वो नारी संस्कारी, जो समाज के नियमों पर अमल करती हो,
भले उसके सामने, अपने पुरे जीवन का दमन करती हो।

15. सिसकती स्त्री

स्त्री छोटी छोटी बातों पर ही, सिसकने लग जाती है...,
त्याग और समर्पण का पाठ, जब सिर्फ उसे ही पढ़ाई जाती है,
जब हर गलती की वजह, स्त्री को ही बताई जाती है,
हाँ इन छोटी छोटी बातों पर ही स्त्री सिसकने लग जाती है।

जब रसोई के सिवा अपना कोई अस्तित्व नहीं पाती है,
तब अंतर्मन के कोलाहल को, अपने आंसुओं से बहा ले जाती है,
और फिर अपने हौंसले को बुलंद कर काम में लग जाती है,
हाँ बस इन छोटी-छोटी बातों पर ही स्त्री सिसकने लग जाती है।

मायका हो या ससुराल, ये कही की भी ना हो पाती है,
कहने को तो दो-दो घर, फिर भी पराई मानी जाती है,
'ये पराई है' या 'पराई घर से आई है' इन कटाक्षों को ही अपने जीवन
में पाती है,
हाँ बस इन्हीं छोटी-छोटी बातों पर ही स्त्री सिसकने लग जाती है।

जब सौ जिम्मेदारियों में एक जिम्मेदारी से कही फिसल जाती है,
तुरंत ही कामचोर होने का वो तमगा पा जाती है,
और खुद के लोगो से ही तिरस्कार पा सब सह जाती है,
बस इन्हीं छोटी-छोटी बातों पर ही स्त्री सिसकने लग जाती है।

दुख, तकलीफ और दर्द जब उसे अंदर ही अंदर खाती है,
क्या बताये समाज को, की रोने से क्या ताकत आती है,

इनके दिए अपमान, इन आंसुओं के साथ बहा ले जाती है,
हाँ बस इन्हीं छोटी-छोटी बातों पर ही स्त्री सिसकने लग जाती है।

16. संघर्ष : घर और नौकरी

संघर्ष तेरे जीवन में कभी ख़तम नहीं हो पायेगी,
चाहे तू कितनी भी ऊँची उड़ान भर ले,
त्याग की अपेक्षाएं तुझसे ही रखी जायेगी,
भले तू करती हो नौकरी लाखों रुपयों की,
घर की जिम्मेदारियां बराबर है कहकर,
रोटी सिर्फ तुझसे ही बनवाई जायेगी,
चाहे तू कितनी भी बड़ी कामयाबी हासिल कर ले, नौकर सफाई नहीं
रखते कहकर, बर्तन धोने के लिए आवाज़ तुझे ही लगाई जाएगी।

की संघर्ष तेरे जीवन में कभी ख़तम नहीं हो पायेगी,
चाहे तू कितने भी बड़े लक्ष्यों को हासिल कर ले,
पारिवारिक दायित्वों की आशाएं भी सिर्फ तुझसे ही रखी जाएंगी
ये तो सिर्फ स्त्रियों का ही काम है कहकर,
दोहरी जिम्मेदारियां तुझसे ही निर्वाह करवाई जाएगी,
की स्त्री तो सब सम्भाल लेती है ये कहकर
नौकरी के साथ घर भी सिर्फ तुझसे ही संभलवाई जायेगी।

संघर्ष तेरे जीवन में कभी ख़तम नहीं हो पायेगी,
चाहे तू कितनी भी आगे बढ़ ले,
फ़र्ज क्या है स्त्रियों का ये तुझे बता दी जायेगी,
मेहमानो के आने पर सेवा का फ़र्ज बता
नौकरी से छुट्टी लेने को कह दी जायेगी,
और कुछ हो जाए समस्या
तो कैसे रखते है कार्य और परिवार में संतुलन,

ये तुम्हे ही बताई जायेगी।

की संघर्ष तेरे जीवन में कभी ख़तम नहीं हो पायेगी,
नौकरी के साथ कुशल गृहणी बनने की चाह भी तुझसे रखी जायेगी,
परिवार के प्रति समर्पण और निष्ठा का पाठ भी तुम्हे ही पढ़ाई जाएगी,
और स्त्री-पुरुष समानता का ज्ञान दे, नौकरी के साथ घर के कामों की
उम्मीदें भी सिर्फ तुझसे ही लगाई जायेगी,
की संघर्ष तेरे जीवन में कभी ख़तम नहीं हो पाएगी।

17. बलात्कार: पीड़ित लड़की और समाज

बलात्कार से पीड़ित उस लड़की को ताना देने वालो ऐ समाज के लोग
भूलो मत..जबतक एक पुरुष चरित्रहीन नहीं होता,
तब तक एक स्त्री चरित्रहीन हो ही नहीं सकती,
पर इस समाज में अगर किसी लड़की का बलात्कार हो
जाए.......,
 तो गलती उस लड़की की है,
अगर नजर जिस्म नोचनेवाले की ख़राब हो,
 तो गलती उस लड़की की है,
गलती उसकी ये है की वो आज़ाद होना चाहती है,
खुले आसमान में उड़ना चाहती है,
दुनिया के साथ कदम बढ़ाना चाहती है,
पर वो भूल जाती है की वो एक स्त्री है और उसका आज़ाद होना
इतना आसान नहीं।

1947 के बाद पूरा भारत आजाद हुआ,
आजाद हुआ हर वो इंसान जिसने भारत को आज़ादी दिलवाई,
पर....... पर क्या स्त्री आज़ाद हुई,
    स्कूल जाती वो लड़की,
 घर में एक बेटी,
    हॉस्पिटल में महिला डॉक्टर,
    सड़क पर चलती हर वो स्त्री
 या फिर नन्ही सी जान,
इन सबके रूप में जीती क्या वो नारी आजाद हुई,

पर हाँ, भारत आज़ाद हुआ।

क्या फर्क पड़ता है जब हर रोज कई बेटियों का जिस्म तार-तार होता
है,
की हर रोज कई बेटियों का बलात्कार होता है,
क्या फर्क पड़ता है जब हैवानियत दिखा उनका जिस्म जला दिया
जाता है,
सबूत मिटाने के लिए उन्हें दफना दिया जाता है,
    हाँ पर इसमे भी गलती उस लड़की की है,गलती उसकी ये
है.........
की वो एक स्त्री है, एक माँ है, एक बेटी है या एक बहु है,
या ये कहे की वो इन सबके रूप में सिर्फ और सिर्फ एक खिलौना है।

    पर बस...........
बहुत हो गया ऐ नारी, ये मौन तुम्हारा खलता है,
तुझको यु शांत देख, मन ये मेरा जलता है,
तुझमे वो शक्ति है, तुझमे वो भक्ति है,
तू शक्ति नारी नहीं है नाम की, तू झाँसी वाली रानी है,
बस उन गद्दारों को, तू थोड़ा सा झटका दे,
और पकड़ उन बालात्कारो को, बीच चौराहे पे लटका दे।

,

18. वो हाथ से निकल गई हैं

सुना है, स्त्री अब हाथ से निकल गई है,
अपने दया व त्याग के वरदान से, कही और फिसल गई है।

सिर्फ सुनती थी समाज की, अब खुद की सुनने लग गई है,
अन्याय सह महान थी, अब इस समाज से निकल गई है,
की सुना है वो स्त्री, अब हाथ से निकल गई है।

सामाजिक रूढ़ियों को मिटा, अपनी बधाएं हटा रही है,
नजरअंदाज कर लैंगिक भेदभाव, कदम से कदम बढ़ा रही है,
की सुना है वो स्त्री, अब हाथ से निकल गई है।

दिखावे से परे अब खुद की दुनिया बनाने लग गई है,
साधारण लिबास में लिपटी, वो खुद पर विश्वास करने लग गई है,
की सुना है वो स्त्री, अब हाथ से निकल गई है।

ना दबी मर्यादा में, अब हौसलों की उड़ान भर रही है,
वो कोमल है कमजोर नहीं, वो पहाड़ चढ़ रही है,
की सुना है वो स्त्री, अब हाथ से निकल गई है।

जो मुस्कुराई अपने दर्द भुलाकर, अब दर्द पर दवा लगा रही है,
अपने लक्ष्यों को हासिल कर, अपनी पहचान बता रही है,
की सुना है वो स्त्री, अब हाथ से निकल गई है।

सहनशक्ति की देवी, अब कुछ न सह रही है,

अपनी आवाज़ उठा, अपने अधिकार के लिए लड़ रही है
की सुना है वो स्त्री, अब हाथ से निकल गई है।

वो धैर्य की धरणी, कुछ कहने लग गई है,
कही दबी थी वो, अब खुले हवा में रहने लग गई है,
की सुना है वो स्त्री, अब हाथ से निकल गई है।

www.ingramcontent.com/pod-product-compliance
Lightning Source LLC
Chambersburg PA
CBHW050950030426
42339CB00007B/363